DATE DUE

SP
741.59   O'Hern, Kerri
OHE   Louis Armstrong

$20.25
BC#32457105001683

DATE DUE	BORROWER'S NAME

SP   BC#32457105001683 $20.25
741.59   O'Hern, Kerri
OHE   Louis Armstrong

HISTORIA:
KERRI O'HERN Y GINI HOLLAND

ILUSTRACIONES:
ANTHONY SPAY Y ALEX CAMPBELL

WORLD ALMANAC® LIBRARY

EN SÓLO UNOS MESES, LA GENTE ESTÁ ESCUCHANDO JAZZ EN CIUDADES DE TODO EL PAÍS. PARA LOS AÑOS 1930, MILLONES ALREDEDOR DEL MUNDO QUIEREN ESCUCHAR A LOUIS ARMSTRONG TOCAR JAZZ CON SU TROMPETA.

"ME DIVERTÍ MUCHO CRECIENDO EN NUEVA ORLEÁNS CUANDO ERA NIÑO. ÉRAMOS POBRES Y TODO ESO, PERO LA MÚSICA ESTABA EN TODOS LADOS".

—LOUIS ARMSTRONG

LOUIS ARMSTRONG CRECIÓ OYENDO MÚSICA EN TODAS PARTES. EL HOMBRE DE LOS PASTELES, EL DE LOS WAFFLES Y EL DE LOS PLÁTANOS, TODOS TOCABAN CANCIONES PARA VENDER SUS ALIMENTOS. ESCUCHABA MÚSICA CUANDO CARGABA CARBÓN CUANDO TENÍA 6 AÑOS.

HOME MADE
PIES
12¢

LOUIS Y SUS COMPAÑEROS DE ESCUELA
CANTABAN EN LAS ESQUINAS DE LAS
CALLES. LA GENTE QUE PASABA LES
DABA MONEDAS. LOUIS LLEVABA EL
DINERO A SU CASA Y SE LO DABA A SU
MADRE. SU FAMILIA TENÍA POCO DINERO.

¡QUE SIGA LA MÚSICA, CHICOS!

CASI SIEMPRE COMÍAN SÓLO ARROZ Y
FRIJOLES PARA LA CENA. CUANDO LOUIS SE
HIZO RICO Y FAMOSO, LOS SEGUÍA COMIENDO
PORQUE LE GUSTABAN MUCHO. INCLUSO
FIRMABA SUS CARTAS "¡FRIJOLES PINTOS Y
ARROZMENTE TUYO!"

NADIE SALIÓ LASTIMADO, PERO LOUIS FUE ARRESTADO. LA CORTE LO MANDÓ A UNA ESCUELA CORRECCIONAL. TENÍA 11 AÑOS CUANDO LLEGÓ AL HOGAR PARA NIÑOS DE COLOR ABANDONADOS.

"ESTABA TAN TRISTE Y EXTRAÑABA TANTO A MI FAMILIA QUE NO COMÍ DURANTE CUATRO DÍAS".

—LOUIS ARMSTRONG

PRONTO, LOUIS SUPO QUE LA ESCUELA TENÍA UNA BANDA. ESPERABA PODER UNIRSE Y TOCAR EN LOS DESFILES Y LOS DÍAS DE CAMPO CON ELLOS.

FINALMENTE, EL DIRECTOR DE LA BANDA LE DIO UNA OPORTUNIDAD DESPUÉS DE ESCUCHARLO CANTAR. LE PIDIÓ QUE TOCARA EL PANDERO, EL TAMBOR Y EL BUGLE.

POR FIN, EL DIRECTOR LE DEJÓ TOCAR SU INSTRUMENTO FAVORITO, LA CORNETA. LOUIS APRENDIÓ RÁPIDO, Y PRONTO SE CONVIRTIÓ EN EL DIRECTOR DE LA BANDA DEL HOGAR PARA NIÑOS DE COLOR ABANDONADOS.

"ME DA MUCHO ORGULLO CONTARLE AL MUNDO DEL LUGAR QUE ME INICIÓ COMO UN MÚSICO DE PRIMERA".
—LOUIS ARMSTRONG

DOS AÑOS DESPUÉS . . .

LOUIS VOLVIÓ A VIVIR CON SU MADRE Y EMPEZÓ A TRABAJAR 10 HORAS AL DÍA EN UNA CARBONERA . . .

POR LAS NOCHES, TOCABA SU CORNETA EN EL CLUB DE MÚSICA DE MATRANGA POR 15 CENTAVOS. A LOUIS LE ENCANTABA TOCAR EN EL ESCENARIO.

JOE "KING" OLIVER IBA AL MATRANGA A OÍR A LOUIS TOCAR. PRONTO, EL EXTRAORDINARIO MÚSICO SE CONVIRTIÓ EN MAESTRO Y AMIGO DE LOUIS. RECIBIÓ SU PRIMERA BUENA CORNETA COMO REGALO DE "PAPA JOE".

"ME INVITABA A SU CASA A COMER FRIJOLES PINTOS Y ARROZ, QUE ME ENCANTABAN. ME DABA LECCIONES DE UN LIBRO DE EJERCICIOS Y LUEGO HACÍAMOS DUETOS PEQUEÑOS".

—LOUIS ARMSTRONG

9

EN 1918, "PAPA JOE" OLIVER SE FUE A TRABAJAR A UNA BANDA DE CHICAGO. SU ANTIGUO TRABAJO EN NUEVA ORLEÁNS AHORA NECESITABA UN CORNETISTA. LA BANDA DE KID ORY INVITÓ A LOUIS A OCUPAR EL LUGAR. LOUIS ESTABA MUY EMOCIONADO DE TOCAR EN UNA BANDA GRANDE.

UNA NOCHE, LA BANDA DE KID ORY ESTABA TOCANDO EN LA PARTE TRASERA DE UN CAMIÓN. ÉSTA ERA UNA FORMA EN QUE LAS BANDAS DE NUEVA ORLEÁNS ATRAÍAN A GENTE A SUS ESPECTÁCULOS.

OTRA BANDA SE DETUVO EN LA MISMA ESQUINA. LAS DOS BANDAS EMPEZARON A COMPETIR.

ESA NOCHE, UN MÚSICO FAMOSO LLAMADO FATE MARABLE ESCUCHÓ A LOUIS TOCAR. LE GUSTÓ LO QUE OYÓ. MARABLE CONTRATÓ A LOUIS PARA TOCAR EN LA PRIMERA ORQUESTA AFRO-ESTADOUNIDENSE QUE TOCABA EN UN BARCO DE VAPOR DE RUEDAS.

"CLARO QUE ÉSA ERA UNA GUERRA ENTRE LAS DOS BANDAS Y DIMOS TODO PARA TOCAR MEJOR".

—LOUIS ARMSTRONG

11

LA ORQUESTA DE FATE MARABLE TOCABA POR LAS NOCHES EN EL DIXIE BELLE EN SU VIAJE RÍO ARRIBA Y RÍO ABAJO POR EL MISISIPI.

DURANTE EL DÍA, LOUIS APRENDÍA A LEER MÚSICA.

LOUIS TOCÓ CON LA ORQUESTA POR UNOS AÑOS. LUEGO, DECIDIÓ UNIRSE A LA BANDA DE "PAPA JOE" OLIVER EN CHICAGO.

KING OLIVER JAZZ BAND

CHICAGO

LOS AÑOS DE 1920 SE LLAMARON LOS "LOCOS VEINTE" Y "LA ERA DEL JAZZ". EN CHICAGO, LOS CLUBES MUSICALES DOMINABAN. LA GENTE HACÍA COLAS PARA ENTRAR A LOS CLUBES DE JAZZ.

"MUCHOS MÚSICOS DEL CENTRO DE CHICAGO SE APURABAN AL SALIR DEL TRABAJO PARA DISFRUTAR DE NUESTRO ESTILO TODAS LAS NOCHES QUE TOCÁBAMOS EN EL LINCOLN GARDENS, EN LA CALLE 31, CERCA DE LA AVENIDA COTTAGE GROVE". —LOUIS ARMSTRONG.

14

DURANTE MUCHOS MESES, LOUIS TOCÓ CON OTROS MÚSICOS EN LA BANDA DE JAZZ DE KING OLIVER. CUANDO POR FIN PUDO TOCAR UN SOLO, SE LIBERÓ. SU CORNETA SONÓ. AL PÚBLICO LE ENCANTÓ SU JAZZ DE ESTILO NUEVA ORLEÁNS.

SE CORRIÓ LA VOZ DE QUE EL NUEVO CORNETISTA EN LA CIUDAD ERA INCREÍBLE . . .

LOS DIRECTORES DE BANDAS LO QUERÍAN, LOS CLUBES DE JAZZ LO QUERÍAN, ¡Y LA GENTE NO PODÍA DEJAR DE ESCUCHARLO! LOUIS TOCÓ CON VARIAS BANDAS DE CHICAGO. INCLUSO SE UNIÓ A UNA ORQUESTA QUE ACOMPAÑABA LAS PELÍCULAS MUDAS. ARMSTRONG EMPEZÓ A LEER Y TOCAR PIEZAS MUSICALES DIFÍCILES. TAMBIÉN CAMBIÓ SU INSTRUMENTO Y EMPEZÓ A TOCAR LA TROMPETA.

EN 1925, LOUIS ARMSTRONG EMPEZÓ A GRABAR MÚSICA. SU PRIMER GRAN ÉXITO FUE "HEEBIE JEEBIES". PARA UNA PARTE DE LA CANCIÓN, LOUIS CANTÓ PALABRAS SIN SENTIDO. EN UNA LÍNEA CANTÓ "RIP-BIP-EE-DOO-DEE-DOOT, DOO". PRONTO, OTROS CANTABAN EN ESTE ESTILO LLAMADO SCAT.

SE CORRIÓ UN RUMOR SOBRE EL ESTILO SCAT DE ARMSTRONG QUE DECÍA QUE HABÍA DEJADO CAER LAS PARTITURAS CUANDO GRABABA Y TUVO QUE INVENTAR LAS PALABRAS. PERO LOUIS HABÍA ESTADO CANTANDO ASÍ DESDE LAS ESQUINAS DE NUEVA ORLEÁNS.

EN 1929, EMPEZÓ LA GRAN DEPRESIÓN. DURANTE LOS AÑOS 1930, MUCHA GENTE PERDIÓ SU EMPLEO Y ALGUNOS SUS CASAS, GRANJAS Y NEGOCIOS.

NEED JOB LOST EVERYTHING WILL WORK FOR

A MUCHOS APENAS LES ALCANZABA PARA SUS NECESIDADES BÁSICAS, COMO COMIDA Y CASA. LA GENTE TENÍA POCO DINERO PARA GASTAR EN DIVERSIÓN, COMO IR A LOS CLUBES.

DEBIDO A QUE EL NEGOCIO DE LOS CLUBES DE MÚSICA ESTABA TAN LENTO, LOUIS ARMSTRONG DECIDIÓ VIAJAR Y TOCAR EN DIFERENTES LUGARES.

CUANDO ESTABA TOCANDO SU TROMPETA EN CALIFORNIA, CONOCIÓ A GENTE QUE TRABAJABA EN EL CINE. LES GUSTÓ SU ACTUACIÓN Y LE PIDIERON CANTAR EN UNA PELÍCULA.

MR. ARMSTRONG

EN ESA ÉPOCA, HIZO SU PRIMERA PELÍCULA, EX FLAME. TAMBIÉN GRABÓ MÁS CANCIONES, "I'M IN THE MARKET FOR YOU" Y "DING DONG DADDY".

19

EN CHICAGO, VARIOS DUEÑOS DE CLUBES QUERÍAN QUE LOUIS REGRESARA. SU TALENTO HABÍA SIDO UN MUY BUEN NEGOCIO PARA ELLOS.

ALGUNOS DE ESTOS DUEÑOS CREÍAN QUE DEBÍAN OBLIGAR A ARMSTRONG A TOCAR EN SUS CLUBES. DECÍAN QUE ÉL HABÍA HECHO UN CONTRATO CON ELLOS. ARMSTRONG REGRESÓ A CHICAGO CON UN NUEVO AGENTE PARA QUE LO AYUDARA CON ESTOS PROBLEMAS.

UNA NOCHE, DOS HOMBRES ENTRARON POR LA FUERZA AL CAMERINO DE ARMSTRONG. LO AMENAZARON CON PISTOLAS Y TRATARON DE OBLIGARLO A TRABAJAR PARA LOS OTROS DUEÑOS DE CLUBES. DESPUÉS DE ESTO, EL AGENTE DE ARMSTRONG EMPLEÓ A POLICÍAS PARA CUIDAR LAS PUERTAS DETRÁS DEL ESCENARIO CUANDO TOCABA.

LOUIS QUERÍA ALEJARSE DE ESTOS PROBLEMAS EN CHICAGO. TAMBIÉN QUERÍA VISITAR NUEVA ORLEÁNS. DESPUÉS DE TODO, NO ESTABA EN CASA HACÍA 9 AÑOS. ¡ERA HORA DE REGRESAR AL SUR!

MÁS DE 2 MIL PERSONAS DIERON LA BIENVENIDA A LOUIS EN NUEVA ORLEÁNS CON UN DESFILE Y BANDAS. A SUS 30 AÑOS, ¡LOUIS ARMSTRONG HABÍA REGRESADO A CASA CON ESTILO!

LOUIS VIAJÓ CON SU BANDA POR ALGUNAS CIUDADES DEL SUR Y TOCÓ PARA PÚBLICOS "SÓLO BLANCOS". EN LA GIRA, NO SE PERMITIÓ A LOS MIEMBROS DE LA BANDA ENTRAR A ALGUNOS RESTAURANTES Y HOTELES. MUCHAS NOCHES, ESTABAN CANSADOS Y HAMBRIENTOS DESPUÉS DE TOCAR. ENTONCES, TENÍAN QUE SALIR Y BUSCAR UN LUGAR PARA DORMIR QUE ACEPTARA A AFRO-ESTADOUNIDENSES. EL RACISMO AL QUE SE ENFRENTARON MOLESTÓ Y ENOJÓ A LOUIS Y A LA BANDA.

LOUIS DECIDIÓ DAR UN CONCIERTO GRATUITO EN SU CIUDAD NATAL PARA AFRO-ESTA-
DOUNIDENSES. VARIOS MILES DE SEGUIDORES NEGROS SE PRESENTARON, PERO LOS
BLANCOS RACISTAS HABÍAN BLOQUEADO LA ENTRADA AL CONCIERTO. EN ESTA ÉPOCA
EN VARIAS PARTES DEL SUR, LOS AFRO-ESTADOUNIDENSES QUE LLAMABAN MUCHO LA
ATENCIÓN CON FRECUENCIA ERAN GOLPEADOS POR LA POLICÍA. ASÍ QUE MUCHOS DE
ESTOS FANÁTICOS DESILUSIONADOS SIMPLEMENTE REGRESARON A SUS CASAS.

23

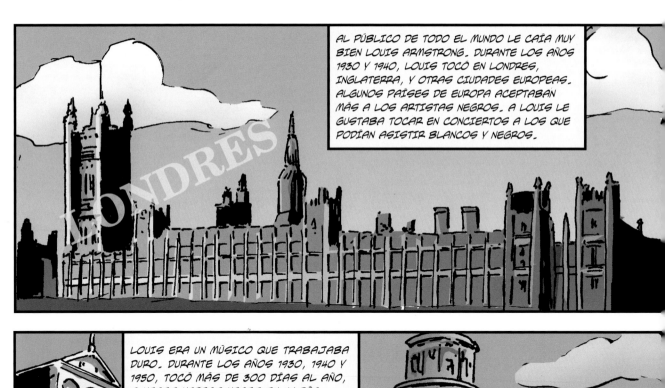

AL PÚBLICO DE TODO EL MUNDO LE CAÍA MUY BIEN LOUIS ARMSTRONG. DURANTE LOS AÑOS 1930 Y 1940, LOUIS TOCÓ EN LONDRES, INGLATERRA, Y OTRAS CIUDADES EUROPEAS. ALGUNOS PAÍSES DE EUROPA ACEPTABAN MÁS A LOS ARTISTAS NEGROS. A LOUIS LE GUSTABA TOCAR EN CONCIERTOS A LOS QUE PODÍAN ASISTIR BLANCOS Y NEGROS.

LOUIS ERA UN MÚSICO QUE TRABAJABA DURO. DURANTE LOS AÑOS 1930, 1940 Y 1950, TOCÓ MÁS DE 300 DÍAS AL AÑO, A VECES VARIAS VECES EN UN DÍA . . .

. . . Y MIENTRAS OTROS TROMPETISTAS LUCHABAN POR LLEGAR AL DO AGUDO, LOUIS LO PODÍA HACER 200 VECES SEGUIDAS, COMO DE RAYO.

LOUIS SE CASÓ
4 VECES. EN 1942,
SE CASÓ CON
LUCILLE WILSON,
SU CUARTA ESPOSA,
Y ESTUVIERON
JUNTOS HASTA QUE
ÉL MURIÓ EN 1971.

FUERON MUY FELICES JUNTOS. LUCILLE DIO A
LOUIS EL CALOR DE HOGAR QUE NUNCA CONOCIÓ.
INCLUSO LE DIO SU PRIMER ÁRBOL DE NAVIDAD.
¡LO PUSO EN DIFERENTES CUARTOS DE HOTEL
MIENTRAS ÉL ESTABA DE GIRA!

EN 1947, ARMSTRONG FORMÓ UNA BANDA CON MÚSICOS BLANCOS Y NEGROS LLAMADA LOUIS ARMSTRONG ALL STARS. LA BANDA VIOLÓ ALGUNAS LEYES DEL SUR SOBRE BLANCOS Y NEGROS QUE TOCARAN JUNTOS.

Louis Armstrong All Star

ESTA BANDA MUY POPULAR AYUDÓ A MOSTRAR A LOS ESTADOUNIDENSES QUE LA GENTE DE COLORES DIFERENTES PODÍA TRABAJAR JUNTA. LA GRAN POPULARIDAD DE ARMSTRONG, SU CARISMA Y SU TALENTO PURO ANIMARON A OTROS AFRO-ESTADOUNIDENSES A REALIZAR SUS SUEÑOS.

EL MOVIMIENTO POR LOS DERECHOS CIVILES TAMBIÉN APOYABA LA IGUALDAD DE DERECHOS PARA AFRO-ESTADOUNIDENSES. ARMSTRONG APOYABA AL MOVIMIENTO Y SABÍA CÓMO LA ESCLAVITUD EN ESTADOS UNIDOS HABÍA EMPEZADO CUANDO LOS NEGROS FUERON ARRANCADOS DE SUS HOGARES EN ÁFRICA Y VENDIDOS. DEBIDO A ESTE INTERÉS, LOUIS VISITÓ EL CONGO EN ÁFRICA EN 1956. ¡HASTA ALLÁ TENÍA AFICIONADOS! LO CARGARON POR LAS CALLES EN UNA SILLA. LOUIS DISFRUTÓ TANTO DE SUS VISITAS AL CONGO ¡QUE REGRESÓ DOS VECES MÁS!

PARA LOS AÑOS 1960, TODO EL MUNDO CONOCÍA EL JAZZ DE LOUIS ARMSTRONG. LAS PELÍCULAS Y LOS PROGRAMAS DE TELEVISIÓN PRESENTABAN AL HOMBRE Y SU MÚSICA.

EN 1961, ARMSTRONG VISITÓ EGIPTO CON LUCILLE. TOCÓ LA TROMPETA PARA ELLA JUNTO A LA ESFINGE Y LAS ANTIGUAS PIRÁMIDES.

EL ESTILO DE JAZZ DE ARMSTRONG TAMBIÉN FUE UN ÉXITO EN LAS LISTAS DE POPULARIDAD. EN 1964, SU VERSIÓN DE "HELLO, DOLLY!" QUITÓ EL PRIMER LUGAR A UNA CANCIÓN DE LOS BEATLES. Y EN 1968, "WHAT A WONDERFUL WORLD" SE CONVIRTIÓ EN UN ÉXITO EN TODO EL MUNDO.

DURANTE LOS AÑOS DE 1960, LOUIS PADECIÓ UNA SERIA ENFERMEDAD DEL CORAZÓN. PASÓ MUCHOS MESES EN EL HOSPITAL CON PULMONÍA. SU DOCTOR LE RECOMENDÓ QUE DEJARA DE TOCAR LA TROMPETA. PERO LOUIS NO PODÍA DEJAR DE TOCAR SU MÚSICA. MIENTRAS TUVIERA ALIENTO . . .

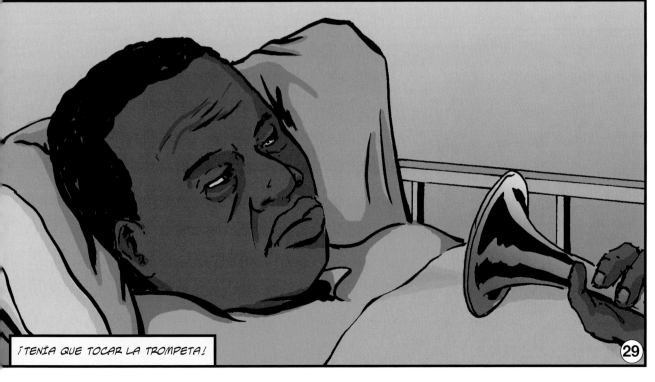

¡TENÍA QUE TOCAR LA TROMPETA!

LA SALUD DE ARMSTRONG EMPEORÓ, PERO SIGUIÓ TOCANDO. DURANTE DOS SEMANAS EN 1971, LOUIS TOCÓ CON SUS ALL STARS EN EL HOTEL WALDORF ASTORIA DE NUEVA YORK. AL FINAL DE LA ÚLTIMA PRESENTACIÓN, SUFRIÓ UN COLAPSO EN EL ESCENARIO DEBIDO A UN ATAQUE AL CORAZÓN. UNAS SEMANAS DESPUÉS, MURIÓ MIENTRAS DORMÍA.

LOUIS "SATCHMO" ARMSTRONG SIEMPRE SERÁ UNA LEYENDA DE LA HISTORIA Y MÚSICA ESTADOUNIDENSES. SU VOZ ÁSPERA, GRAN SONRISA Y PAÑUELO BLANCO SE HAN CONVERTIDO EN PARTE DE SU IMAGEN DE SÚPER ESTRELLA. EN 1999, LA REVISTA "TIME" LO NOMBRÓ UNA DE LAS 100 PERSONAS MÁS IMPORTANTES DEL SIGLO XX.

Armstrong was born in one of the poorest sections of New Orleans on Aug. 4, 1901. "He was a prodigy," says art historian and curator Marc Miller, "a hard-working kid who helped support his mother and sister by working every type of job there was, including going out on street corners at night to sing for coins."

At age 7, he bought his first real horn—a cornet. When Armstrong was 11 years old, juvenile court sent him to the Jones Home for Colored Waifs for firing a pistol on New Year's Eve. While there, he had his first formal music lessons and played in the home's brass band.

After about 18 months he was released. From then on, he largely supported himself as a musician, playing with pick-up bands and in small clubs with his mentor Joe "King" Oliver. Oliver was one of a handful of noted musicians in New Orleans—along with Jelly Roll Morton, Sidney Bechet and others—who were creating a distinctive and widely popular new band sound out of blues and ragtime. Soon, sheet music publishers and record companies would make jazz a household name.

SU PRIMERA CORNETA SE ENCUENTRA AHORA EN EL MUSEO NACIONAL DE HISTORIA DE ESTADOS UNIDOS, UN BRAZO DEL MUSEO SMITHSONIAN.

LOUIS ARMSTRONG AYUDÓ A LLEVAR EL JAZZ A LA VIDA DE ESTADOUNIDENSES DE TODOS COLORES Y FORMAS DE PENSAR. Y DESPUÉS, AL RESTO DEL MUNDO. TAMBIÉN LUCHÓ EN CONTRA DEL RACISMO Y DEFENDIÓ LA IGUALDAD DE DERECHOS DE TODOS LOS ESTADOUNIDENSES. IGUAL QUE SU MÚSICA SIEMPRE SONARÁ EN NUESTROS OÍDOS, SU INFLUENCIA PERMANECERÁ EN NUESTRA CULTURA.

PARA APRENDER MÁS

American Jazz Musicians. Collective Biographies (series). Stanley I. Mour (Enslow Publishers)

The Louis Armstrong You Never Knew. James Lincoln Collier (Scholastic Library)

Louis Armstrong. Trailblazers of the Modern World (series). Gini Holland
(World Almanac Library)

The Sound That Jazz Makes. Carole Boston Weatherford
(Walker Books for Young Readers)

Who Was Louis Armstrong? Yona Zeldis McDonough
(Penguin Putnam Books for Young Readers)

SITIOS WEB

Jazz Greats, Louis Armstrong
pbskids.org/jazz/nowthen/louis.html

The Official Site of the Louis Armstrong House & Archives
www.satchmo.net

Louis Armstrong: A Cultural Legacy
www.npg.si.edu/exh/armstrong/index.htm

Smithsonian Jazz
www.smithsonianjazz.org/class/armstrong/la_class_1.asp

Por favor visite nuestro sitio web en: www.garethstevens.com
Para recibir un catálogo gratuito en color, en el que se describe la lista de
libros y programas multimedia de alta calidad de la World Almanac®
Library, llame al 1-800-848-2928 (EE.UU.) o al 1-800-387-3178
(Canadá). Fax de World Almanac® Library: (414) 332-3567.

Library of Congress Cataloging-in-Publication Data available upon
request from publisher. Fax (414) 336-0157 for the attention of
the Publishing Record's Department.

ISBN-13: 978-0-8368-7878-3 (lib. bdg.)
ISBN-13: 978-0-8368-7885-1 (softcover)

Spanish Edition produced by A+ Media, Inc.
Editorial Director: Julio Abreu
Editor: Adriana Rosado-Bonewitz
Translators & Associate Editors: Luis Albores, Bernardo Rivera,
  Carolyn Schildgen
Graphic Design: Faith Weeks, Phillip Gill

First published in 2007 by
World Almanac® Library
A Member of the WRC Media Family of Companies
330 West Olive Street, Suite 100
Milwaukee, WI 53212 USA

Copyright © 2007 by World Almanac® Library.

Produced by Design Press, a division of the
Savannah College of Art and Design
Design: Janice Shay and Maria Angela Rojas
Editing: Kerri O'Hern
Illustration: Pencils by Anthony Spay, inks by Alex Campbell,
  color by Anthony Spay
World Almanac® Library editorial direction: Mark Sachner
  and Valerie J. Weber
World Almanac® Library art direction: Tammy West

Printed in Canada

1 2 3 4 5 6 7 8 9 10 10 09 08 07 06